러시아어
토르플 1급
실전 모의 고사
❸

러시아어 토르플 1급 실전 모의 고사
❸

초판 1쇄 발행 2016년 05월 13일
초판 3쇄 발행 2024년 07월 22일

지은이 Н.П. Андрюшина, М.Н. Макова, Н.И. Пращук

펴낸이 김선명
펴낸곳 뿌쉬긴하우스
책임편집 이은희
편집 김영실, 김성원, 박은비

주소 서울시 중구 퇴계로20나길 10, 2층 202호
전화 02) 2237-9387
팩스 02) 2238-9388
홈페이지 www.pushkinhouse.co.kr

출판등록 2004년 3월 1일 제2004-0004호

ISBN 978-89-92272-70-4 14790
978-89-92272-64-3 (세트)

© ЗАО «Златоуст», 2015
Настоящее издание осуществлено по лицензии, полученной от ЗАО «Златоуст»
© Pushkin House, 2016

이 책의 한국어판 저작권은 «Златоуст» 출판사와 독점 계약한 뿌쉬긴하우스에 있습니다.
저작권법에 의해 한국 내에서 보호를 받는 저작물이므로 무단 전재와 무단 복제를 금합니다.

※ 잘못된 책은 바꿔 드립니다.

Тест по русскому языку как иностранному
Первый сертификационный уровень

토르플 고득점을 위한 모의고사 시리즈

TORFL
러시아어
토르플 1급
실전 모의고사 3

Н.П. Андрюшина, М.Н. Макова, Н.И. Пращук 지음

뿌쉬낀하우스

contents

토르플 길라잡이 _6

1부 테스트

Субтест 1.   ЛЕКСИКА. ГРАММАТИКА 어휘, 문법 영역 _11

Субтест 2.   ЧТЕНИЕ 읽기 영역 _33

Субтест 3.   АУДИРОВАНИЕ 듣기 영역 _42

Субтест 4.   ПИСЬМО 쓰기 영역 _50

Субтест 5.   ГОВОРЕНИЕ 말하기 영역 _54

2부 정답

어휘, 문법 영역 정답 _61

읽기 영역 정답 _65

듣기 영역 정답 및 녹음 원문 _66

쓰기 영역 예시 답안 _72

말하기 영역 예시 답안 _74

첨부: 답안지 МАТРИЦА _85

1. 토르플 시험이란?

토르플(TORFL)은 'Test of Russian as a Foreign Language'의 약자로 러시아 교육부 산하기관인 '러시아어 토르플 센터'에서 주관하는 외국인 대상 러시아어 능력 시험이다. 기초 단계에서 4단계까지 총 여섯 단계로 나뉘어 있으며 시험 과목은 어휘·문법, 읽기, 듣기, 쓰기, 말하기의 다섯 영역으로 구성되어 있다. 현재 토르플은 러시아 내 대학교의 입학 시험, 국내 기업체, 연구소, 언론사 등에서 신입사원 채용 시험 및 직원들의 러시아어 실력 평가를 위한 방법으로 채택되고 있다.

2. 토르플 시험 단계

토르플 시험은 기초단계, 기본단계, 1단계, 2단계, 3단계, 4단계로 나뉘어 있다.

- 기초단계 (элементарный уровень)
  일상생활에서 필요한 최소한의 러시아어 구사가 가능한 가장 기초 단계이다.

- 기본단계 (базовый уровень)
  일상생활에서 필요한 기본적인 의사 소통이 가능한 단계이다.

- 1단계 (I сертификационный уровень)
  일상생활에서의 자유로운 의사소통뿐만 아니라, 사회, 문화, 역사 등의 분야에서 러시아인과 대화가 가능한 공인단계이다. 러시아 대학에 입학하기 위해서는 1단계 인증서가 필요하며, 국내에서는 러시아어문계열 대학졸업시험이나 기업체의 채용 및 사원 평가 기준으로도 채택되고 있다.

- 2단계 (II сертификационный уровень)
  원어민과의 자유로운 대화뿐만 아니라, 문화, 예술, 자연과학, 공학 등 전문 분야에서도 충분히 의사소통이 가능한 공인단계이다. 2단계 인증서는 러시아 대학의 비어문계 학사 학위 취득을 위한 요건이며 석사 입학을 위한 자격 요건이기도 하다. 1단계와 마찬가지로 국내에서는 러시아어문계열 대학졸업시험이나 기업체의 채용 및 사원 평가 기준으로도 채택되고 있다.

· 3단계 (III сертификационный уровень)

사회 전 분야에 걸쳐 고급 수준의 의사소통 능력을 지니고 있어 러시아어로 전문적인 활동이 가능한 공인단계이다. 러시아 대학의 비어문계열 석사와 러시아어문학부 학사 학위를 취득하기 위해서 3단계 인증서가 필요하다.

· 4단계 (IV сертификационный уровень)

원어민에 가까운 러시아어 구사 능력을 지니고 있는 가장 높은 공인단계로, 이 단계의 인증서를 획득하면 러시아어문계열의 모든 교육과 연구 활동이 가능하다. 4단계 인증서는 러시아어문학부 석사, 비어문계열 박사, 러시아어 교육학 박사 등의 학위를 취득하기 위한 요건이다.

3. 토르플의 시험영역

토르플 시험은 어휘 · 문법, 읽기, 듣기, 쓰기, 말하기의 다섯 영역으로 구성되어 있다.

· 어휘 · 문법 영역 (ЛЕКСИКА. ГРАММАТИКА)
객관식 필기 시험으로 어휘와 문법을 평가한다. (*사전 이용 불가)

· 읽기 영역 (ЧТЕНИЕ)
객관식 필기 시험으로 주어진 본문과 문제를 통해 독해 능력을 평가한다. (*사전 이용 가능)

· 듣기 영역 (АУДИРОВАНИЕ)
객관식 필기 시험으로 들려 주는 본문과 문제를 통해 이해 능력을 평가한다. (*사전 이용 불가)

· 쓰기 영역 (ПИСЬМО)
주관식 필기 시험으로 주제에 알맞은 작문 능력을 평가한다. (*사전 이용 가능)

· 말하기 영역 (ГОВОРЕНИЕ)
주관식 구술 시험으로 주어진 상황에 적합한 말하기 능력을 평가한다. (*사전 이용이 가능한 문제도 있음)

4. 토르플 시험의 영역별 시간

구 분	기초 단계	기본 단계	1단계	2단계	3단계	4단계
어휘 · 문법 영역	50분	50분	60분	90분	90분	60분
읽기 영역	50분	50분	50분	60분	60분	60분
듣기 영역	30분	30분	35분	35분	35분	45분
쓰기 영역	40분	50분	60분	55분	75분	80분
말하기 영역	25분	40분	60분	45분	45분	50분

*토르플 시험의 영역별 시간은 시험 시행기관마다 조금씩 다를 수 있습니다.

5. 토르플 시험의 영역별 만점

구　　　분	기초 단계	기본 단계	1단계	2단계	3단계	4단계
어휘·문법 영역	100	110	165	150	100	141
읽기 영역	120	180	140	150	150	136
듣기 영역	100	180	120	150	150	150
쓰기 영역	80	80	80	65	100	95
말하기 영역	130	180	170	145	150	165
총 점수	530	730	675	660	650	687

6. 토르플 시험의 합격 점수

구　　　분	기초 단계	기본 단계	1단계	2단계	3단계	4단계
어휘·문법 영역	75-100점 (66%이상)	82-110점 (66%이상)	109-165점 (66%이상)	99-150점 (66%이상)	66-100점 (66%이상)	93-141점 (66%이상)
읽기 영역	90-120점 (66%이상)	135-180점 (66%이상)	92-140점 (66%이상)	99-150점 (66%이상)	99-150점 (66%이상)	89-136점 (66%이상)
듣기 영역	75-100점 (66%이상)	135-180점 (66%이상)	79-120점 (66%이상)	99-150점 (66%이상)	99-150점 (66%이상)	99-150점 (66%이상)
쓰기 영역	60-80점 (66%이상)	60-80점 (66%이상)	53-80점 (66%이상)	43-65점 (66%이상)	66-100점 (66%이상)	63-95점 (66%이상)
말하기 영역	98-130점 (66%이상)	135-180점 (66%이상)	112-170점 (66%이상)	96-145점 (66%이상)	99-150점 (66%이상)	108-165점 (66%이상)

1부 테스트

Субтест 1. ЛЕКСИКА. ГРАММАТИКА

Инструкция к выполнению теста

- Время выполнения теста – 60 минут.
- Тест состоит из 3 частей и включает 165 позиций.
- При выполнении теста пользоваться словарём нельзя.
- В тесте слева даны предложения (1, 2 и т. д.), а справа – варианты ответа.
- Выберите правильный вариант и отметьте соответствующую букву в матрице. Например:

Например:

(Б - правильный вариант).

Если Вы ошиблись и хотите исправить ошибку, сделайте так:

(В - ошибка, Б – правильный вариант).

ЧАСТЬ 1

Задание 1. Выберите правильный вариант ответа.

| **1.** Я не поеду в Новгород, я уже был _____ . | (А) там
(Б) туда |

2. В этом кафе плохо готовят, не ходи _____ .	(А) там (Б) туда
3. Хочу посмотреть Мадрид. Ты уже летал _____ ?	
4. Бабушка купила билеты в цирк, _____ новая программа.	
5. Марина вернулась _____ концерта очень довольная.	(А) с (Б) из
6. Дети пришли _____ парка очень весёлые.	
7. У музея мы вышли _____ автобуса.	
8. Мы приехали _____ вокзала на такси.	
9. Антон любит животных, поэтому сегодня он ходил _____ .	(А) в театр (Б) в зоопарк (В) на стадион
10. Мы долго гуляли _____ парку.	(А) к (Б) на (В) по
11. Вымой руки, они очень _____ .	(А) грязные (Б) чистые (В) холодные

12. Миша решил все задачи, и мама сказала, что он _____ .	(А) хорошо (Б) молодой (В) молодец
13. Тамара и Олег уже давно _____ .	(А) замуж (Б) женаты (В) замужем
14. Ты думаешь, что это хорошо, а _____ , это плохо.	(А) по-твоему (Б) по-моему (В) по-своему
15. Врач принимает _____ № 9.	(А) в кабинете (Б) в зале (В) в аудитории
16. Ночью мама почти не спала: у неё была сильная головная _____ .	(А) больно (Б) болезнь (В) боль
17. Сохранить памятники культуры – _____ .	(А) трудная задача (Б) трудное задание (В) трудное занятие
18. Изучать китайский язык _____ .	(А) с трудом (Б) нелёгкий (В) нелегко
19. Я очень _____ , что вы пришли!	(А) люблю (Б) нравится (В) рад

20. Нина любит _____ на коньках.	(А) ездить (Б) ходить (В) кататься
21. _____, пожалуйста, немного о себе.	(А) Расскажите (Б) Объясните (В) Разговаривайте
22. Я плохо себя чувствую: голова _____ .	(А) балет (Б) болит (В) билет
23. Автобус _____ людей на работу.	(А) везёт (Б) ведёт (В) едет
24. Мы стояли у магазина и _____ .	(А) сказали (Б) рассказали (В) разговаривали
25. Катя _____ ребёнка на руках.	(А) везла (Б) несла (В) вела

ЧАСТЬ 2

Задание 2. Выберите правильный вариант ответа.

26. Это интересная семья, завтра мы пойдём _____ в гости.	(А) к ним (Б) у них (В) их

27. Я так и не понял, _____ ты будешь пить чай.	(А) о чём (Б) чего (В) с чем
28. После _____ мы пошли гулять.	(А) ужин (Б) ужину (В) ужином (Г) ужина
29. В кафе Дима сразу заказал _____ .	(А) холодное пиво (Б) с холодным пивом (В) холодному пиву (Г) для холодного пива
30. У Миши уже есть _____ .	(А) с зимней обувью (Б) зимней обуви (В) в зимнюю обувь (Г) зимняя обувь
31. Сестра давно выбрала профессию _____ .	(А) детским врачом (Б) к детскому врачу (В) о детском враче (Г) детского врача
32. Мне очень нужен _____ .	(А) недорогой компьютер (Б) недорогого компьютера (В) с недорогим компьютером (Г) к недорогому компьютеру

33. Оля долго искала во дворе _____ .	(А) младший брат (Б) младшего брата (В) с младшим братом (Г) младшему брату
34. Таня окончила _____ .	(А) музыкальная школа (Б) музыкальной школе (В) музыкальной школы (Г) музыкальную школу
35. Поездка была отличная! У нас ещё никогда не было _____ .	(А) такому путешествию (Б) такого путешествия (В) в таком путешествии (Г) с таким путешествием
36. Катя успешно занимается _____ .	(А) к спортивной гимнастике (Б) спортивную гимнастику (В) спортивной гимнастикой (Г) спортивной гимнастики
37. Наша школа рядом _____ .	(А) с немецким посольством (Б) от немецкого посольства (В) к немецкому посольству (Г) немецкое посольство

38. Галя обещала _____ серьёзно заниматься.	(А) своего преподавателя (Б) своему преподавателю (В) со своим преподавателем (Г) о своём преподавателе
39. Этот писатель всегда ходит _____ .	(А) тёмному костюму (Б) тёмного костюма (В) с тёмным костюмом (Г) в тёмном костюме
40. Юра поехал в театр _____ .	(А) на новой машине (Б) новой машиной (В) в новую машину (Г) из новой машины
41. Дима не приедет! Кто же будет рад _____ ?	(А) такому известию (Б) такого известия (В) таким известием (Г) о таком известии
42. Иван очень доволен: он побывал _____ .	(А) интересная экскурсия (Б) интересной экскурсией (В) на интересной экскурсии (Г) на интересную экскурсию

43. Газеты и письма нам всегда оставляют _____ .	(А) с первого этажа (Б) на первый этаж (В) на первом этаже (Г) первому этажу
44. Человек всегда помнит _____ .	(А) о своём детстве (Б) своего детства (В) со своим детством (Г) своему детству
45. В театре Сергей неожиданно встретился _____ .	(А) младшая дочь (Б) младшую дочь (В) к младшей дочери (Г) с младшей дочерью
46. В сентябре у нас всегда _____ .	(А) новое расписание (Б) нового расписания (В) новому расписанию (Г) с новым расписанием
47. Пожалуйста, посмотрите _____ , оно очень красивое.	(А) этого здания (Б) этому зданию (В) в этом здании (Г) на это здание
48. Мой брат убирает комнату только _____ .	(А) нашей помощи (Б) с нашей помощью (В) на нашей помощи (Г) нашу помощь
49. Перед _____ ничего не надо ставить.	(А) красное кресло (Б) красного кресла (В) красным креслом (Г) красному креслу

50. Мама хочет жить в квартире _____ .	(А) большого балкона (Б) большому балкону (В) с большим балконом (Г) на большом балконе
51. Мы встретимся завтра около _____ . Хорошо?	(А) автобусная остановка (Б) автобусной остановки (В) автобусной остановкой (Г) автобусную остановку
52. Наша собака быстро привыкла _____ .	(А) новую квартиру (Б) новой квартиры (В) к новой квартире (Г) с новой квартирой
53. Нина любит покупать открытки, она уже собрала _____ .	(А) большая коллекция (Б) большую коллекцию (В) на большой коллекции (Г) с большой коллекцией
54. В Петербурге мы жили в гостинице _____ .	(А) Невский проспект (Б) к Невскому проспекту (В) Невским проспектом (Г) у Невского проспекта
55. На праздник Саша купил бутылку _____ .	(А) красному вину (Б) красного вина (В) о красном вине (Г) красным вином

56. В театре мы обратили внимание _____ .	(А) молодой певец (Б) молодым певцом (В) к молодому певцу (Г) на молодого певца
57. Я уверен: наша команда будет _____ .	(А) на первом месте (Б) с первым местом (В) первого места (Г) первое место
58. Мария Петровна стала известным специалистом _____ .	(А) в русском искусстве (Б) по русскому искусству (В) русским искусством (Г) русского искусства
59. Сколько _____ у вас в саду?	(А) дерево (Б) деревья (В) деревьев
60. У отца скоро юбилей – 50 _____ !	(А) год (Б) года (В) лет
61. Скоро праздник, надо послать несколько _____ .	(А) поздравление (Б) поздравлений (В) поздравления
62. Летом мы жили у озера 2 _____ .	(А) неделя (Б) недели (В) недель

63. Я знаю, что в Москве очень много _____ .	(А) музеи (Б) музея (В) музеев
64. Для наших детей самая большая радость – _____ .	(А) воскресные прогулки (Б) воскресным прогулкам (В) воскресных прогулок (Г) о воскресных прогулках
65. Виктор уехал, не попрощавшись _____ .	(А) со школьными друзьями (Б) у школьных друзей (В) школьным друзьям (Г) о школьных друзьях
66. Рита увлекается _____ .	(А) о компьютерных играх (Б) компьютерным играм (В) на компьютерные игры (Г) компьютерными играми
67. Игорь попросил меня передать привет _____ .	(А) старые знакомые (Б) о старых знакомых (В) со старыми знакомыми (Г) старым знакомым

68. Антон был болен и не участвовал _____ .	(А) в зимних соревнованиях
	(Б) к зимним соревнованиям
69. Наша команда серьёзно готовится _____ .	(В) зимние соревнования
	(Г) зимними соревнованиями
70. Мама бережёт _____ .	(А) на старых фотографиях
	(Б) старыми фотографиями
71. Моя мама _____ такая молодая!	(В) старым фотографиям
	(Г) старые фотографии
72. В кассе Вера попросила _____ .	(А) дешёвые билеты
	(Б) о дешёвых билетах
73. Потом мы отказались _____ .	(В) от дешёвых билетов
	(Г) дешёвыми билетами
74. Я точно помню: Оля защищала диплом _____ .	(А) июнь
	(Б) за июнь
	(В) с июня
	(Г) в июне
75. Анна вышла замуж _____ .	(А) прошлого года
	(Б) в прошлом году
	(В) прошлым годом
	(Г) на прошлый год
76. Катя написала статью _____ .	(А) 3 дня
	(Б) за 3 дня
	(В) на 3 дня

77. Мой день рождения _____ .	(А) 22-ого апреля (Б) 22-ое апреля (В) на 22-ое апреля
78. Витя пойдёт в школу _____ .	(А) будущей осенью (Б) будущая осень (В) от будущей осени
79. Компьютеры появились совсем недавно – _____ .	(А) XX-ый век (Б) в XX-ом веке (В) XX-ого века

ЧАСТЬ 3

Задание 3. Выберите правильный вариант ответа.

80. Не понимаю, почему мы так редко _____ .	(А) встречаемся (Б) встретились (В) встретимся
81. Вечером пришёл брат и _____ мне письмо от мамы.	(А) передаст (Б) передаёт (В) передал
82. Брат попросил Свету _____ телевизор.	(А) включить (Б) включила (В) включит

83. Мы очень устали и не смогли _____ за город.	(А) поехали (Б) поедем (В) поехать
84. Это дорогая игрушка, осторожно, _____ её!	(А) не сломай (Б) не сломаешь (В) не сломать
85. В субботу Маша предложила нам _____ новый балет.	(А) посмотрела (Б) посмотреть (В) посмотрим
86. Я советую тебе _____ Ларисе цветы.	(А) подарю (Б) подаришь (В) подарить
87. Мужчина _____ нам дорогу и пошёл дальше.	(А) показывает (Б) показал (В) покажет
88. Ты видишь молодого человека, _____ с Ниной? Это мой брат.	(А) разговаривающего (Б) разговаривающий (В) разговаривая
89. Я не была знакома с гостями, _____ Олей.	(А) приглашённые (Б) приглашёнными (В) приглашённых
90. Обязательно посмотрите этот фильм, он Вам _____ .	(А) нравится (Б) понравится
91. Я всегда здесь отдыхаю, мне _____ этот город.	

92. Завтра мы поедем на экскурсию, думаю, она нам _____ .	(A) нравится (Б) понравится
93. Интересная выставка. А Вам что здесь _____ ?	
94. Вали не было дома, и я _____ ей записку.	(A) оставил (Б) оставлял
95. Отец сегодня очень занят и даже не _____ себе времени на обед.	
96. Нет, ты не _____ здесь свои очки!	
97. Уезжая, Борис всегда _____ маме цветы.	(A) оставил (Б) оставлял
98. Твои родители всегда вместе _____ в парк?	(A) идут (Б) ходят
99. Они _____ сегодня в цирк или нет?	
100. Олег и его жена никогда не _____ в этот ресторан.	
101. Жаль, что мои дети _____ в спортзал нерегулярно.	
102. На даче в любой момент можно _____ в сад и погулять.	(A) выходить (Б) выйти

103. До спектакля 2 часа, нам ещё рано _____ из дома.	(А) выходить (Б) выйти
104. Мише нельзя одному _____ на балкон: он ещё маленький.	
105. Здесь очень жарко, я хочу _____ .	
106. Таня учится _____ верхом на лошади.	(А) ехать (Б) ездить
107. Дедушка очень любит _____ за город.	
108. Вот и площадь. Сейчас нам надо _____ направо.	
109. До Владимира осталось 200 км, нам ещё долго _____ .	
110. Мой самолёт в 23:50, я никогда не _____ так поздно.	(А) улетел (Б) улетал
111. Извините, Николай вчера ... , но он скоро вернётся.	
112. Мигель уже ... , мы так и не смогли его проводить.	
113. Раньше самолёт в Ливан _____ только из этого аэропорта.	

114. Почему Коля _____ цветы? Разве сегодня праздник?	(А) принёс (Б) приносит
115. Дети любят, когда отец _____ игрушки.	
116. Я попросила брата, чтобы он _____ мне воды.	
117. Какой невнимательный официант: я попросила кофе, а он _____ чай.	
118. Как хорошо на море! Сегодня мы _____ до обеда.	(А) плыли (Б) плавали
119. Сначала мы долго _____ к острову, а потом экскурсовод показывала нам его.	
120. Наша река очень широкая. Вы _____ на другой берег?	
121. Вчера мы отдыхали у озера: я читала, а дети _____ .	
122. Здесь все места заняты, давай _____ в другое кафе!	(А) уйдём (Б) придём (В) пойдём
123. Сегодня я очень занят, но на минуту _____ к тебе.	(А) зайду (Б) войду (В) дойду

124. Мы встречаем Ивана, но он до сих пор не _____ .	(А) улетел (Б) прилетел (В) долетел
125. Света решила, что по дороге домой она _____ за билетами.	(А) поедет (Б) доедет (В) заедет
126. Мне надо открыть эту дверь, _____ , пожалуйста!	(А) отойдите (Б) зайдите (В) пойдите
127. Не спешите, выпьем кофе, а потом _____ в аэропорт.	(А) поедем (Б) доедем (В) отъедем
128. Увидев незнакомых людей, наша собака _____ .	(А) перебежала (Б) убежала (В) вбежала
129. Магазин совсем близко, надо только _____ дорогу.	(А) дойти (Б) перейти (В) выйти
130. В субботу мы купили холодильник, завтра нам его _____ .	(А) привезут (Б) отвезут (В) перевезут

ЧАСТЬ 4

Задание 4. Выберите правильный вариант ответа.

131. Ира, тебе звонили подруги, _____ ты раньше работала.	(А) которых (Б) которым (В) которые (Г) с которыми
132. Салаты, _____ приготовила бабушка, были очень вкусные.	
133. А на этой фотографии дача, на которой _____ .	(А) мы отдыхали летом (Б) все были довольны (В) я хочу поменять (Г) я ездил раньше
134. Вот машина, которую _____ .	
135. В этом кафе хорошие десерты. Покажи, _____ пирожное ты хочешь.	(А) на каком (Б) какое (В) с каким (Г) какому
136. Скажи, пожалуйста, _____ пианино ты играешь дома?	
137. Виктор так и не понял, _____ фильмах говорила сестра.	(А) какие (Б) каким (В) какими (Г) о каких
138. Покажи, _____ словарями ты обычно пользуешься.	
139. Скажи, _____ ты спорила вчера вечером?	(А) с кем (Б) кого (В) кому (Г) для кого
140. Не понимаю, _____ мешает хорошая музыка.	

141. Ты можешь сказать, _____ стремится современная молодёжь?	(А) о чём (Б) чем (В) к чему (Г) чего
142. У нас есть кофе, десерт, _____ же ещё не хватает?	
143. Павел хочет посмотреть город, _____ родился Чайковский.	(А) куда (Б) где (В) откуда (Г) какой
144. Город, _____ Рамон привёз нам сувениры, знают все туристы.	
145. Мы долго были в магазине, _____ никак не могли выбрать подарок.	(А) потому что (Б) поэтому
146. Саша мало гуляет, _____ всё время читает детективы.	
147. Мы очень спешили, _____ взяли такси.	
148. Я купила этот фильм, _____ там играет мой любимый артист.	
149. В газетах сообщили, _____ открылся новый музей.	(А) что (Б) чтобы
150. Сестра попросила, _____ я перевёл ей статью.	
151. В театре Оля любит сидеть впереди, _____ лучше видеть.	

152. Друг сказал, _____ я обязательно посмотрел фильм «Остров».	(А) что (Б) чтобы
153. Купим Ивану велосипед, _____ отец.	(А) если согласится (Б) согласится ли
154. Никто не знает, _____ отец снять дачу.	
155. Спроси, пожалуйста, _____ кто-нибудь взять себе эту собаку.	
156. В субботу мы пригласим к себе гостей, _____ мама.	
157. У студентов нашего факультета практика была не на юге, _____ на севере.	(А) а (Б) но (В) и
158. Посоветуй, пожалуйста, красную сумку мне купить _____ чёрную.	(А) и (Б) но (В) или
159. Миша всем рассказывает, _____ интересно отдыхать зимой.	(А) так (Б) как (В) когда
160. Бабушка всегда спрашивает, _____ приготовить на ужин.	(А) что (Б) когда (В) как
161. Пока все _____ телевизор, Ира сходила в магазин.	(А) посмотрят (Б) смотрят (В) смотрели

162. Когда дети ложатся спать, мама _____ телевизор.	(А) выключила (Б) выключает (В) выключит
163. Хотя брат окончил университет, он _____ .	(А) хочет работать (Б) уже работает (В) ещё не работает
164. Я всегда рано встаю, _____ у меня много дел.	(А) после того как (Б) несмотря на то что (В) так как
165. Вадим обошёл все магазины, _____ искал ботинки для сына.	(А) если (Б) когда (В) хотя

Субтест 2. ЧТЕНИЕ

Инструкция по выполнению теста

- Время выполнения теста – 50 минут.
- При выполнении теста можно пользоваться словарём.
- Тест состоит из 3 текстов и 20 тестовых заданий к ним.
- Выберите правильный вариант ответа и отметьте соответствующую букву в матрице.

Например:

(Б - правильный вариант).

Если Вы ошиблись и хотите исправить ошибку, сделайте так:

(В - ошибка, Б – правильный вариант).

Задания 1–8. Прочитайте текст 1 и выполните задания. Выберите вариант ответа, который наиболее полно и точно отражает содержание текста.

ТЕКСТ 1

В Москве, в Кремле, есть большие музыкальные часы. Они находятся на Спасской башне Московского Кремля. Эти часы называются «куранты». Они очень большие, как трёхэтажный дом, музыку в этих часах играют десять колоколов.

В 1917 году кремлёвские куранты остановились, перестали звучать колокола. Часовой мастер Н.В. Беренс согласился отремонтировать часы. Он долго работал, и наконец ему удалось починить их. С тех пор часы идут абсолютно точно. В полночь и в полдень по московскому времени голос кремлёвских курантов можно слышать по радио.

Эти часы на Спасской башне Кремля называют главными часами России.

В Москве есть ещё одни интересные часы. Они находятся на здании Центрального театра кукол и играют музыку каждый час. А в 12 часов дня и в 12 часов ночи можно увидеть настоящий спектакль: из часов выходит петух, он громко поёт и машет крыльями. А потом открывается 12 окошек, и в них появляются герои сказок: серый волк, большой медведь, кот в сапогах… Несколько минут играет весёлая музыка. Но вот музыка кончается, животные уходят, окна закрываются.

Чтобы посмотреть этот спектакль, в полдень на улице перед сказочными часами собирается толпа людей. Здесь и совсем маленькие дети, которые пришли вместе с мамами и папами, и дети постарше, и даже взрослые, которые тоже когда-то были детьми…

Удивительные часы есть и в Петербурге. Двести лет назад жил в России замечательный мастер Иван Петрович Кулибин. Он сделал необычные часы. Они чуть больше, чем обыкновенное яйцо. Часы играют каждый час, полчаса и четверть часа, а в полдень и полночь наверху открываются дверцы и под музыку идёт маленький кукольный спектакль.

Часы Кулибина действуют и сейчас. Они находятся в Петербурге, в самом известном музее города – в Эрмитаже.

1. Куранты находятся _____ .

(A) на здании театра

(Б) в Кремле

(В) в Эрмитаже

2. По радио можно услышать _____ .

(А) куранты

(Б) сказочные часы

(В) часы Кулибина

3. Главными часами страны называют _____ .

(А) куранты в Москве

(Б) сказочные часы

(В) часы Кулибина

4. Животные выходят из _____ .

(А) курантов

(Б) сказочных часов

(В) часов Кулибина

5. На яйцо похожи _____ .

(А) куранты

(Б) сказочные часы

(В) часы Кулибина

6. В Эрмитаже можно увидеть _____ .

(А) куранты

(Б) сказочные часы

(В) часы Кулибина

7. Только 2 раза в день можно услышать _____ .

(А) куранты

(Б) сказочные часы

(В) часы Кулибина

8. Спектакль на улице можно увидеть, стоя около _____ .

(А) Кремля

(Б) театра кукол

(В) Эрмитажа

Задания 9–13. Прочитайте текст 2 и выполните задания. Выберите вариант ответа, который наиболее полно и точно отражает содержание текста.

ТЕКСТ 2

На берегу реки Яузы, напротив Кремля, находится древний Андроников монастырь – одно из самых интересных и замечательных мест Москвы. На территории этого монастыря можно увидеть самое старое здание Москвы, сохранившееся до наших дней, – Спасский собор.

Андроников монастырь хранит память об интересных событиях русской истории и об Андрее Рублёве – великом художнике XIV–XV веков. Андрей Рублёв был монахом Андроникова монастыря, участвовал в строительстве Спасского собора. Здесь он провёл последние годы своей жизни, здесь умер и здесь был похоронен.

В 1947 году, когда Москве исполнилось 800 лет, на территории монастыря был создан музей древнерусского искусства, который носит имя Рублёва. В залах музея хранится уникальная коллекция древнерусского искусства, широко известная как в нашей стране, так и во всём мире. В музее посетители могут познакомиться с московской школой живописи конца XV века, с известными во всём мире русскими иконами. Простые и строгие чувства, чистый внутренний мир человека – вот самые главные черты всей древнерусской живописи.

В музее можно также посмотреть и другие произведения искусства: резьбу по дереву и камню, старинные рукописи и книги. А тёплыми летними вечерами здесь проводятся концерты старинной русской музыки.

9. Андроников монастырь находится _____ .

(А) на территории Кремля

(Б) далеко от Кремля

(В) недалеко от Кремля

10. Самое старое здание Москвы находится _____ .

(А) на берегу реки Яузы

(Б) на территории Кремля

(В) на территории Андроникова монастыря

11. Андрей Рублёв был _____ .

(А) известным художником

(Б) талантливым архитектором

(В) простым монахом

12. Музей А. Рублёва был открыт _____ .

(А) в XV веке

(Б) более полувека назад

(В) 800 лет назад

13. В музее можно увидеть _____ .

(А) древнерусские иконы

(Б) иконы и старинные книги

(В) разные произведения искусства

Задания 14–20. Прочитайте текст 3 и выполните задания. Выберите вариант ответа, который наиболее полно и точно отражает содержание текста.

ТЕКСТ 3

Трудно, почти невозможно вспомнить сейчас, когда у этой девочки появилась мечта стать дирижёром, диктовать своё понимание музыки оркестру.

По словам родных, она уже в четыре года, не умея ещё по-настоящему играть на фортепьяно, а только наблюдая за занятиями сестры, сказала: «Хочу играть с оркестром».

В восемь лет Вероника поступила в школу для одарённых детей при Бакинской консерватории. У неё было огромное, совсем не детское увлечение музыкой. Она могла часами сидеть за пианино и что-то играть.

В Петербурге, куда из Баку переехала семья Дударовых, Вероника продолжала занятия в музыкальном училище при Петербургской консерватории. Одновременно она начала работать: была пианисткой в кукольном театре, играла на фортепьяно в доме культуры.

Однажды она слушала концерт Бетховена. Вероника последней ушла из концертного зала. Ей очень понравилась игра оркестра и дирижёр. Может быть, именно тогда она по-настоящему решила стать дирижёром.

И вот Московская консерватория, дирижёрский факультет. Первый экзамен – рояль – она сдала на пятёрку. Вторым экзаменом было дирижирование. Вероника в то время ещё плохо знала, что такое дирижирование. А экзамен принимали известные дирижёры столицы.

– Почему Вы решили стать дирижёром?
– Не очень люблю фортепьяно. Очень люблю оркестр!

Вместо нового вопроса ей дали дирижёрскую палочку и попросили поруководить пианистами, играющими на двух роялях симфонию Моцарта. Вероника начала дирижировать, но уже через несколько минут опустила руки.

– Что случилось? Почему Вы остановились? – поинтересовались преподаватели.

– Они играют не так, как я хочу.

– А как бы Вы хотели, чтобы они играли?

Девушка напела начало симфонии. На этом экзамен закончился. Вероника была уверена, что не сдала экзамен. Она грустно шла по коридору.

– Почему Вы такая грустная? – спросил её декан дирижёрского факультета.

– А чему радоваться?

– Всё хорошо, не надо грустить: дирижёром Вы станете!

И она стала дирижёром.

С тех пор прошло немало лет. Опыт, талант помогали Веронике Борисовне в работе. Успех композитора – это не только успех оркестра, это и успех дирижёра. Дирижёр передаёт оркестру своё понимание музыкального произведения.

«Когда каждый музыкант оркестра думает, что вы дирижируете только для него одного, – сказал однажды известному дирижёру Дударовой один из музыкантов, – значит, вы дирижируете хорошо».

Именно так и сейчас говорят об искусстве Вероники Дударовой музыканты Московского государственного симфонического оркестра.

«Я бываю счастлива только тогда, – говорила Вероника Борисовна, – когда чувствую, что оркестр не просто понимает меня, а когда он "дышит" вместе со мной, когда мы с ним – одно целое».

14. Содержанию текста более всего соответствует название _____ .

(А) «Студенческие годы Вероники Дударовой»

(Б) «Дирижёр Вероника Дударова»

(В) «Оркестр Вероники Дударовой»

15. Вероника Дударова родилась _____ .

(А) в Баку

(Б) в Петербурге

(В) в Москве

16. Вероника Дударова училась в музыкальном училище _____ .

(А) в Баку

(Б) в Петербурге

(В) в Москве

17. Вероника Дударова думала, что не сдала экзамен, потому что _____ .

(А) раньше никогда не дирижировала

(Б) плохо понимала, что такое дирижирование

(В) понимала музыку по-другому

18. В будущий успех Вероники Дударовой верил _____ .

(А) декан

(Б) её преподаватель

(В) музыкант из оркестра

19. Вероника Дударова поступила в Московскую консерваторию, потому что мечтала стать _____ .

(А) дирижёром

(Б) пианисткой

(В) артисткой

20. Вероника Дударова чувствовала себя счастливой, когда _____.

(А) она хорошо работала

(Б) оркестр понимал её

(В) она и оркестр были одним целым

Субтест 3. АУДИРОВАНИЕ

Инструкция к выполнению теста

- Время выполнения теста определяется звучанием аудиозаписи (25–30 минут).

- При выполнении теста пользоваться словарём нельзя.

- Тест состоит из 6 текстов и 32 заданий.

- После каждого прослушанного сообщения выберите правильный вариант и отметьте соответствующую букву в матрице.

Например:

| А | Б | В | Г |

(Б - правильный вариант).

Если Вы ошиблись и хотите исправить ошибку, сделайте так:

(В - ошибка, Б – правильный вариант).

Все аудиотексты и задания звучат только один раз.

Задания 1–6. Прослушайте текст 1 и выполните задания. При выполнении заданий Вы должны выбрать наиболее точный вариант ответа.

1. Семья Ирины живёт _____ .

   (А) на севере России

   (Б) на востоке России

   (В) на юге России

2. Мать Ирины любит _____ .

   (А) отдыхать в саду

   (Б) петь русские песни

   (В) играть на пианино

3. Первый младший брат хочет стать _____ .

   (А) химиком

   (Б) музыкантом

   (В) учителем

4. Второй младший брат хочет стать _____ .

   (А) химиком

   (Б) пианистом

   (В) инженером

5. Старший брат Ирины живёт _____ .

   (А) в Краснодаре

   (Б) в Сибири

   (В) в Петербурге

6. Жена старшего брата не работает, потому что _____ .

   (А) ей надо заниматься с детьми

   (Б) она хочет окончить институт

   (В) ей не нравится работа инженера

Задания 7–10. Прослушайте текст 2 – рассказ журналистки об известной балерине Майе Плисецкой. Выполните задания. При выполнении заданий Вы должны выбрать наиболее точный вариант ответа.

7. Выбирать профессию Майе Плисецкой _____ .

(А) помогали родители

(Б) помогали преподаватели

(В) никто не помогал

8. Майя Плисецкая начала танцевать _____ .

(А) в детстве

(Б) в школе

(В) в театре

9. Работать с Майей Плисецкой было _____ .

(А) трудно

(Б) не интересно

(В) легко

10. Майя Плисецкая училась танцевать _____ .

(А) в детстве

(Б) в школе

(В) всю жизнь

Задания 11–17. Прослушайте текст 3 и выполните задания. При выполнении заданий Вы должны выбрать наиболее точный вариант ответа.

11. Вы слушали _____ .

(А) радиопередачу

(Б) сообщение гида

(В) лекцию

12. Самая большая река Европы – _____ .

(А) Волга

(Б) Кама

(В) Ока

13. Ярославль основали _____ .

(А) в 1010 году

(Б) в 1221 году

(В) в 1868 году

14. Родина Максима Горького – _____ .

(А) Кострома

(Б) Нижний Новгород

(В) Ярославль

15. Экономическим центром Поволжья раньше был город _____ .

(А) Кострома

(Б) Ярославль

(В) Нижний Новгород

16. Фёдор Волков – _____ .

(А) основатель Ярославля

(Б) известный писатель

(В) основатель русского театра

17. Туристы будут плыть _____ .

(А) до Костромы

(Б) до Нижнего Новгорода

(В) до Каспийского моря

Задания 18–23. Прослушайте текст 4 (диалог) – разговор Виктора и Димы – и выполните задания.

18. Витя и Дима _____ .

(А) только что познакомились

(Б) хорошо знают друг друга

(В) вместе учатся

19. Витя _____ .

(А) решил подарить Нине котёнка

(Б) знает, что подарить Нине

(В) не решил, что подарить Нине

20. У Нины дома есть _____ .

(А) рыбки

(Б) котёнок

(В) собака

21. Иван и Олег хотят подарить Нине _____ .

(А) книгу

(Б) песню

(В) альбом

22. Дима посоветовал Вите подарить Нине _____ .

(А) книгу

(Б) песню

(В) альбом

23. День рождения Нины будет _____ .

(А) в пятницу

(Б) в субботу

(В) в воскресенье

Задания 24–29. Прослушайте текст 5 (диалог) – разговор Бориса и Ольги – и выполните задания.

24. Борис звонил Оле _____ .

(А) вчера

(Б) сегодня

(В) в субботу

25. Экскурсия в Русский музей была _____ .

(А) вчера

(Б) сегодня

(В) в субботу

26. Вечер в университете _____ .

(А) был вчера

(Б) сегодня

(В) будет в субботу

27. Борис – _____ .

(А) художник

(Б) студент

(В) экскурсовод

28. В Русском музее можно увидеть _____ .

(А) картины русских художников

(Б) известные скульптуры

(В) разные произведения искусства

29. Борис _____ .

(А) тоже был на экскурсии

(Б) хочет пойти на экскурсию

(В) побывал на выставке

Задания 30–32. Прослушайте текст 6 (диалог) – разговор Марины и Павла – и выполните задания.

30. Павел и Марина _____ .

(А) хорошие друзья

(Б) только работают вместе

(В) плохо знают друг друга

31. Павел видел нового инженера _____ .

(А) в коридоре

(Б) в кафе

(В) на собрании

32. Павел и Марина завтра пойдут _____ .

(А) в кафе

(Б) на концерт

(В) на собрание

Субтест 4. ПИСЬМО

Инструкция к выполнению теста

- Время выполнения теста – 60 минут.
- При выполнении теста можно пользоваться словарём.
- Тест состоит из 2 заданий.

Задание 1. Вас интересуют проблемы городской и архитектурной экологии. Прочитайте текст и напишите, о чём Вы прочитали. В вашем тексте должна быть следующая информация:

- что означает слово «экология»; что такое архитектурная экология;
- кто занимался проблемами экологии раньше;
- кто и зачем занимается сейчас проблемами экологии;
- почему проблемы экологии должны интересовать архитекторов;
- какие примеры показывают, что проблемы архитектурной экологии интересовали людей в давние времена;
- о чём писал создатель архитектурной науки;
- напишите, что Вы думаете о сохранении окружающей среды и о городской архитектурной экологии (2–3 фразы).

Экология города

Слово «экология» знают сейчас все люди. Как правило, его используют для характеристики условий проживания: «хорошая (плохая) экология», «в нашем районе ужасная экология». Эти слова понятны всем.

До недавнего времени считали, что экологией должны заниматься только биологи. Действительно, они лучше других знают, какими должны быть окружающая среда и условия жизни человека, растений и животных. Но в настоящее время основы экологии изучают будущие юристы, медики, инженеры и строители. Все они должны будут заниматься проблемами экологического контроля, улучшения окружающей среды, сохранения природных ресурсов, защиты человека от экологических проблем.

И конечно же, в XXI веке одной из главных задач будет экологический принцип строительства домов. Главную роль будут играть архитекторы, ведь само слово «экология» в переводе с греческого означает «понятие о доме». Новые идеи и методы строительства, использование экологически чистых строительных материалов и систем обеспечения энергией помогут сделать жизненную среду человека более комфортной и экологически безопасной.

Понятие «градостроительная экология», или «архитектурная экология», вошло в язык специалистов в конце 70-ых годов прошлого века. Архитектурная экология – это наука о том, как можно и нужно создавать экологически комфортную среду, и о том, как должны действовать люди в системе «природа – город – человек».

Это новая наука, но практической экологией люди начали заниматься очень давно, когда ещё не существовало такого слова. Где выбрать самое хорошее место для строительства дома; как правильно поставить дом; куда должны смотреть окна, чтобы в комнате было больше солнца; как защитить дом от ветра и снега; как правильно заниматься сельским хозяйством – все эти вопросы люди изучали веками и передавали знания от отца к сыну. Так, например, народы Севера строили круглые дома, защищающие их от ветра; жители африканских стран – небольшие дома, поднятые над водой; в Египте до сих пор строят маленькие дома без крыш – не от бедности, а потому, что в таких домах воздух всегда свежий.

Создателем архитектурной науки по праву считается древнеримский архитектор и инженер Витрувий, живший во второй половине I века до нашей эры. Он написал знаменитую работу «Десять книг об архитектуре». Каждый, кто изучал архитектуру, помнит его золотое правило: в любом архитектурном сооружении (здании или целом городе) должны соблюдаться три главных принципа: «прочность – польза – красота».

Витрувий писал, что при строительстве домов нужно помнить об особенностях каждой страны, разных климатических условиях. Поэтому архитектурное искусство способно исправлять вред, который может приносить людям природа.

Конечно, во времена Витрувия никто не мог даже представить, каким вредным может быть влияние человека на природу, ведь из-за строительства даже одного дома меняется жизнь растений и животных на маленьком участке земли. А что происходит с природой, когда появляются новые города, химические и металлургические заводы, огромные искусственные озёра?

В настоящее время золотое правило Витрувия надо дополнить: «прочность – польза – красота – экологичность».

Если создатели городов и отдельных зданий согласятся с законами и принципами общей и архитектурной экологии, они будут стараться строить такие объекты, которые делают развитие человека гармоничнее, а жизнь – прекраснее.

(По материалам журнала «Наука и жизнь»)

Задание 2. Ваш друг (ваша подруга), который (-ая) живёт в другом городе, сообщил(а), что приедет к Вам через неделю. Поезд прибывает утром, в это время Вас не будет дома. Напишите другу (подруге) письмо. В своём письме Вы должны:

- объяснить, почему Вы не можете его (её) встретить (причину вашего отсутствия);

- объяснить, как ему (ей) доехать до вашего дома и на чём;

- сказать, сколько времени должен потратить ваш друг (ваша подруга) на дорогу;

- сообщить, когда Вы приедете домой, чем может заниматься ваш друг (ваша подруга) и с кем он (она) может поговорить до вашего приезда;

- сказать, куда Вы с другом (подругой) пойдёте и что будете делать, когда Вы приедете.

В вашем письме должно быть не менее 20 фраз.

Субтест 5. ГОВОРЕНИЕ

Инструкция к выполнению теста

- Время выполнения теста – до 60 минут.
- Тест состоит из 12 заданий.
- При выполнении заданий 11 и 12 можно пользоваться словарём.
- Ваши ответы записываются.

Инструкция по выполнению заданий 1–5

- Задания выполняются без подготовки.
- Вам нужно принять участие в диалогах. Вы слушаете реплику преподавателя и отвечаете.
- Если Вы не можете дать ответ, не задерживайтесь, слушайте следующую реплику.
- Помните, что Вы должны дать полный ответ (ответы «да», «нет» или «не знаю» не являются полными).

Задания 1–5. Примите участие в диалоге. Ответьте на вопросы собеседника.

1. Скажите, пожалуйста, где можно купить билет в театр?

– _____ .

2. Мне нужен банк. Скажите, пожалуйста, как туда пройти?

– _____ .

3. Я вчера весь день звонила Вам. Никто не отвечал. Что-нибудь случилось?

– _____ .

4. Говорят, Вы хорошо фотографируете. Что или кого Вы больше всего любите фотографировать?

– _____ .

5. Скажите, как работает книжный магазин? Он работает в выходные дни?

– _____ .

Инструкция по выполнению заданий 6–10

- Задания выполняются без подготовки.
- Вам нужно принять участие в 5 диалогах. Познакомьтесь с ситуацией и начните диалог.
- Если ситуация покажется Вам трудной, не задерживайтесь, переходите к следующей ситуации.

Задания 6–10. Познакомьтесь с описанием ситуации. Начните диалог.

6. Вы в незнакомом городе. Вам нужна аптека. Какой вопрос Вам надо задать прохожему?

7. У Вас день рождения. Пригласите друзей. Скажите, когда, куда и зачем Вы их приглашаете.

8. Вы пришли в библиотеку. Объясните библиотекарю, что Вы хотите.

9. Вы прочитали рассказ, который Вам понравился. Посоветуйте другу (подруге) прочитать его. Объясните почему.

10. Вы пришли вечером в ресторан. Закажите ужин.

Инструкция по выполнению задания 11

- Время выполнения задания – до 25 минут (15 минут – подготовка, ответ – до 10 минут).

Задание 11. Прочитайте текст. Передайте его основное содержание. Ответьте на вопросы после текста.

Кефир – один из самых популярных кисломолочных напитков в России. Его приготовление долгие годы было большой тайной. История о том, как раскрыли тайну изготовления кефира, похожа на детектив, но каждое слово здесь правда. А открыла эту тайну… любовь.

Родиной кефира считают Северную Осетию. На Кавказе существует немало легенд о происхождении кефира, точнее, кефирной закваски. По одной из легенд, эту закваску принёс горцам сам пророк Магомет. Одно из местных названий закваски так и переводится – «пшено пророка». Подарок имел волшебную силу, поэтому его нельзя было дарить и продавать.

В начале XX века на европейской части территории России хотели организовать промышленное производство этого напитка. Но сделать это было практически невозможно: горцы никому не рассказывали, как они его готовят. Надо было обязательно узнать секрет приготовления этого напитка.

Чтобы узнать секрет кефира, обратились к известному тогда в России промышленнику, владельцу молочных заводов Бландову. Он решил послать за рецептом кефира свою сотрудницу Ирину Сахарову. Ирине было двадцать лет, и она была очень красивой. Ирина окончила женскую школу молочного хозяйства.

И вот Ирина вместе с одним из сотрудников фирмы Васильевым поехала в горы к князю Бек-Мирзе Байчарову, который продавал молоко и сыр. Бек-Мирза принял их очень гостеприимно, обещал дать всё, что они просили. Но потом он ничего не сделал.

Грустные возвращались Ирина и Васильев обратно. Вдруг на дороге их остановили люди в черных масках, и Ирина оказалась на лошади одного из них.

Они приехали в неизвестную деревню, там старая женщина дала Ирине вкусный напиток и тихо сказала:

– Не волнуйся. У нас такая традиция. Ты очень понравилась нашему князю, будешь его женой.

Но Ирина не слушала старуху.

– Что это? Кефир? – спросила она.

Молодая женщина забыла обо всём, что с ней случилось, и начала спрашивать старуху, как она готовит напиток. Но тут появился князь Бек-Мирза. Он извинился за то, что сделали его люди, и предложил Ирине руку и сердце. Ирина молчала. Её спасли русские солдаты, которые вскоре приехали вместе с Васильевым. Бек-Мирзу должны были судить. Но судья хотел кончить это дело мирно.

– Может быть, Вы простите его? Кавказская народная традиция говорит, что жених может украсть невесту, – сказал он Ирине.

– Хорошо, я прощу его, – ответила она. – Но только если он подарит мне кефирную закваску.

Так и решили. На следующий день Бек-Мирза прислал Ирине кефирную закваску и огромный букет горных тюльпанов.

А в 1908 году в Москве в аптеках начали продавать первые бутылки кефира. Сначала его пили только как лекарство. Но потом кефир стали продавать в обычных молочных магазинах. И теперь его пьют все желающие.

Как Вы думаете, почему князь не хотел никому давать рецепт кефира?
А Вы пили кефир? Понравился ли он Вам?
Какие напитки Вы предпочитаете?

Инструкция к выполнению задания 12

- Время выполнения задания – до 20 минут (10 минут – подготовка, ответ – до 10 минут).
- Вы должны подготовить сообщение на предложенную тему. Вы можете составить план сообщения, но не должны читать своё сообщение.

Задание 12. Ваши русские друзья интересуются страной, в которой Вы сейчас живёте. Расскажите о ней.

Не забудьте, что из вашего рассказа друзья должны узнать:

- что Вы знаете об истории этой страны, её исторических деятелях;
- что Вы знаете о современной политике, экономике, культуре этой страны;
- что интересного можно посмотреть в этой стране, какие исторические и культурные центры страны Вы видели;
- в какое время года лучше приехать в эту страну и почему.

В вашем рассказе должно быть не менее 20 фраз.

2부 정답

Контрольные матрицы

ЛЕКСИКА. ГРАММАТИКА

어휘, 문법 영역 정답

МАКСИМАЛЬНОЕ КОЛИЧЕСТВО БАЛЛОВ ЗА ТЕСТ – 165

ЧАСТЬ 1				
1	**А**	Б	В	Г
2	А	**Б**	В	Г
3	А	**Б**	В	Г
4	**А**	Б	В	Г
5	**А**	Б	В	Г
6	А	**Б**	В	Г
7	А	**Б**	В	Г
8	**А**	Б	В	Г
9	А	**Б**	В	Г
10	А	Б	**В**	Г
11	**А**	Б	В	Г
12	А	Б	**В**	Г
13	А	**Б**	В	Г
14	А	**Б**	В	Г
15	**А**	Б	В	Г
16	А	Б	**В**	Г
17	**А**	Б	В	Г

18	А	Б	**В**	Г
19	А	Б	**В**	Г
20	А	Б	**В**	Г
21	**А**	Б	В	Г
22	А	**Б**	В	Г
23	**А**	Б	В	Г
24	А	Б	**В**	Г
25	А	**Б**	В	Г

ЧАСТЬ 2				
26	**А**	Б	В	Г
27	А	Б	**В**	Г
28	А	**Б**	В	**Г**
29	**А**	Б	В	Г
30	А	Б	В	**Г**
31	А	Б	В	**Г**
32	**А**	Б	В	Г
33	А	**Б**	В	Г
34	А	Б	В	**Г**

35	А	**Б**	В	Г
36	А	Б	**В**	Г
37	**А**	Б	В	Г
38	А	**Б**	В	Г
39	А	Б	В	**Г**
40	**А**	Б	В	Г
41	**А**	Б	В	Г
42	А	Б	**В**	Г
43	А	Б	**В**	Г
44	**А**	Б	В	Г
45	А	Б	В	**Г**
46	**А**	Б	В	Г
47	А	Б	В	**Г**
48	А	**Б**	В	Г
49	А	Б	**В**	Г
50	А	Б	**В**	Г
51	А	**Б**	В	Г
52	А	Б	**В**	Г
53	А	**Б**	В	Г
54	А	Б	В	**Г**
55	А	**Б**	В	Г
56	А	Б	В	**Г**
57	**А**	Б	В	Г
58	А	**Б**	В	Г

59	А	Б	**В**	Г
60	А	Б	**В**	Г
61	А	**Б**	В	Г
62	А	**Б**	В	Г
63	А	Б	**В**	Г
64	**А**	Б	В	Г
65	**А**	Б	В	Г
66	А	Б	В	**Г**
67	А	Б	В	**Г**
68	**А**	Б	В	Г
69	А	**Б**	В	Г
70	А	Б	В	**Г**
71	**А**	Б	В	Г
72	**А**	Б	В	Г
73	А	Б	**В**	Г
74	А	Б	В	**Г**
75	А	**Б**	В	Г
76	А	**Б**	В	Г
77	**А**	Б	В	Г
78	**А**	Б	В	Г
79	А	**Б**	В	Г
ЧАСТЬ 3				
80	**А**	Б	В	Г
81	А	Б	**В**	Г

#	A	Б	В	Г
82	**A**	Б	В	Г
83	A	Б	**В**	Г
84	**A**	Б	В	Г
85	A	**Б**	В	Г
86	A	Б	**В**	Г
87	A	**Б**	В	Г
88	**A**	Б	В	Г
89	A	**Б**	В	Г
90	A	**Б**	В	Г
91	**A**	Б	В	Г
92	A	**Б**	В	Г
93	**A**	Б	В	Г
94	**A**	Б	В	Г
95	**A**	Б	В	Г
96	A	**Б**	В	Г
97	A	**Б**	В	Г
98	A	**Б**	В	Г
99	**A**	Б	В	Г
100	A	**Б**	В	Г
101	A	**Б**	В	Г
102	A	**Б**	В	Г
103	**A**	Б	В	Г
104	**A**	Б	В	Г
105	A	**Б**	В	Г

#	A	Б	В	Г
106	A	**Б**	В	Г
107	A	**Б**	В	Г
108	**A**	Б	В	Г
109	**A**	Б	В	Г
110	A	**Б**	В	Г
111	**A**	Б	В	Г
112	**A**	Б	В	Г
113	A	**Б**	В	Г
114	**A**	Б	В	Г
115	A	**Б**	В	Г
116	**A**	Б	В	Г
117	**A**	Б	В	Г
118	A	**Б**	В	Г
119	**A**	Б	В	Г
120	A	**Б**	В	Г
121	A	**Б**	В	Г
122	A	Б	**В**	Г
123	**A**	Б	В	Г
124	A	**Б**	В	Г
125	A	Б	**В**	Г
126	**A**	Б	В	Г
127	**A**	Б	В	Г
128	A	**Б**	В	Г
129	A	**Б**	В	Г

№	А	Б	В	Г
130	**А**	Б	В	Г
	ЧАСТЬ 4			
131	А	Б	В	**Г**
132	А	Б	**В**	Г
133	**А**	Б	В	Г
134	А	Б	**В**	Г
135	А	**Б**	В	Г
136	**А**	Б	В	Г
137	А	Б	В	**Г**
138	А	Б	**В**	Г
139	**А**	Б	В	Г
140	А	Б	**В**	Г
141	А	Б	**В**	Г
142	А	Б	В	**Г**
143	А	**Б**	В	Г
144	А	Б	**В**	Г
145	**А**	Б	В	Г
146	**А**	Б	В	Г
147	А	**Б**	В	Г
148	**А**	Б	В	Г
149	**А**	Б	В	Г
150	А	**Б**	В	Г
151	А	**Б**	В	Г
152	А	**Б**	В	Г

№	А	Б	В	Г
153	**А**	Б	В	Г
154	А	**Б**	В	Г
155	А	**Б**	В	Г
156	**А**	Б	В	Г
157	**А**	Б	В	Г
158	А	Б	**В**	Г
159	А	**Б**	В	Г
160	**А**	Б	В	Г
161	А	Б	**В**	Г
162	А	**Б**	В	Г
163	А	Б	**В**	Г
164	А	Б	**В**	Г
165	А	**Б**	В	Г

ЧТЕНИЕ

읽기 영역 정답

МАКСИМАЛЬНОЕ КОЛИЧЕСТВО БАЛЛОВ ЗА ТЕСТ – 140

№	А	Б	В
1	А	**Б**	В
2	**А**	Б	В
3	**А**	Б	В
4	А	**Б**	В
5	А	Б	**В**
6	А	Б	**В**
7	**А**	Б	В
8	А	**Б**	В
9	А	Б	**В**
10	А	Б	**В**
11	**А**	Б	В
12	А	**Б**	В
13	А	Б	**В**
14	А	**Б**	В
15	**А**	Б	В
16	А	**Б**	В
17	А	Б	**В**
18	**А**	Б	В
19	**А**	Б	В
20	А	Б	**В**

АУДИРОВАНИЕ
듣기 영역 정답

МАКСИМАЛЬНОЕ КОЛИЧЕСТВО БАЛЛОВ ЗА ТЕСТ – 128

#	A	Б	В
1	A	Б	**В**
2	A	**Б**	В
3	**A**	Б	В
4	A	**Б**	В
5	A	**Б**	В
6	**A**	Б	В
7	A	Б	**В**
8	**A**	Б	В
9	A	Б	**В**
10	A	Б	**В**
11	A	**Б**	В
12	**A**	Б	В
13	**A**	Б	В
14	A	**Б**	В
15	**A**	Б	В
16	A	Б	**В**

#	A	Б	В
17	A	**Б**	В
18	A	**Б**	В
19	A	Б	**В**
20	**A**	Б	В
21	A	**Б**	В
22	A	Б	**В**
23	A	Б	**В**
24	**A**	Б	В
25	**A**	Б	В
26	A	Б	**В**
27	A	**Б**	В
28	A	Б	**В**
29	A	**Б**	В
30	**A**	Б	В
31	A	Б	**В**
32	**A**	Б	В

녹음 원문

Задания 1–6. Прослушайте текст 1 и выполните задания. При выполнении заданий Вы должны выбрать наиболее точный вариант ответа.

ТЕКСТ 1

Здравствуйте, меня зовут Ирина. Я родилась в южном городе Краснодаре. У нас большая семья: папа, мама, три брата и я. В Краснодаре у нас хороший дом, в котором сейчас живут мои родители и младшие братья.

Мой отец – учитель. По-моему, это очень интересная профессия. Днём папа работает, а после работы он любит сидеть в нашем саду и читать газеты и журналы.

Моя мать – врач. Она работает в детской поликлинике. Она очень любит свою работу. А ещё мама любит петь. Она часто поёт русские песни и романсы, когда работает в нашем саду.

Мои младшие братья учатся в школе. Один в этом году кончает школу. Он очень любит химию и хочет быть учёным-химиком. Он решил учиться в Петербурге, потому что Петербург – очень красивый город и там очень хорошие университеты. Мой второй младший брат хочет стать музыкантом, поэтому он учится не только в обычной, но и в музыкальной школе. Он уже хорошо играет на пианино.

Мой старший брат живёт в Сибири. Он инженер и работает на большом заводе. Брат женат, у него есть дети. Его жена окончила институт и тоже работала инженером. Она любит свою работу, но сейчас не работает, потому что дети ещё совсем маленькие.

А я сейчас живу в Москве и учусь на первом курсе университета. Когда я окончу университет, я вернусь в родной город и обязательно буду работать в школе.

Задания 7–10. Прослушайте текст 2 – рассказ журналистки об известной балерине Майе Плисецкой. Выполните задания. При выполнении заданий Вы должны выбрать наиболее точный вариант ответа.

ТЕКСТ 2

С известной русской балериной Майей Михайловной Плисецкой я встретилась во Франции. Она выступала в Парижском театре оперы и балета. Когда я разговаривала с ней, я узнала, что для Майи Плисецкой никогда не было вопроса «Кем быть?», потому что, ещё не научившись хорошо ходить, она уже танцевала. Она всегда знала, что будет балериной.

Плисецкая родилась в московской семье, где все занимались искусством. С детства она слышала рассказы о жизни театра, об искусстве.

Майя училась в Московской балетной школе у опытного педагога. Майя была очень талантливой девочкой. Природа дала ей всё: лёгкие ноги, красивые руки, музыкальность. Всё это ставило девочку на первое место в классе. Преподавателям работать с ней было просто и интересно.

Но природные способности иногда мешали Майе. Она очень долго не могла понять, что танец – это прежде всего труд, тяжёлый труд каждый день. И она очень переживала, когда в танце она что-то не могла сделать.

Так было много лет назад. Шли годы. Майя Плисецкая училась не только танцевать, но и работать – работать постоянно, ежедневно.

У Плисецкой были и есть талант и огромная работоспособность, поэтому она стала одной из самых известных балерин мира. Однажды Майю спросили: «Сколько лет Вы учились танцу?» Она ответила: «Всю жизнь и каждый день».

Задания 11–17. **Прослушайте текст 3 и выполните задания. При выполнении заданий Вы должны выбрать наиболее точный вариант ответа.**

ТЕКСТ 3

Дорогие друзья! Мы рады видеть вас на нашем теплоходе. Мы начинаем наше путешествие по великой русской реке Волге. Поездка по Волге даёт возможность не только отдохнуть, но и узнать много нового о прошлом и настоящем России. Давайте сначала немного познакомимся с этой рекой.

Волга начинается севернее Москвы. Здесь она только маленький ручей. Потом этот ручей становится рекой, которая делается всё шире и глубже.

Волга – самая большая река Европы, её длина более трёх с половиной тысяч километров. В неё впадает около двухсот больших и малых рек. Самые крупные – это река Ока и река Кама, по ним плавают корабли. Благодаря рекам и каналам Волга стала главной дорогой, которая объединяет пять морей.

Мы начинаем наше плавание по Волге прямо из Москвы, так как Москва-река тоже соединена с Волгой каналом. Во время путешествия мы познакомимся с нашей страной, с русской природой. Когда мы будем плыть по Волге, мы увидим широкие поля, густые леса, старинные русские города. Во время нашей поездки вы побываете на нескольких экскурсиях, посетите некоторые из этих городов и увидите их своими глазами.

Первый город на нашем пути – это Ярославль. Ярославль – древнейший город России. Он был основан в 1010 году Ярославом Мудрым. В Ярославле много памятников истории и культуры. Это очень красивый город. В наши дни город быстро растёт и развивается, но старый исторический центр сохраняется.

Потом мы увидим Кострому. Этот старинный город был торговым и экономическим центром Поволжья. Город Кострома – один из лучших примеров русского градостроения конца XVIII – первой половины XIX века. А первые здания в этом городе построили ещё в XIII веке. Кострома – родина Фёдора Волкова, который основал первый русский театр.

Последний город на нашем пути, в котором мы побываем, – Нижний Новгород. Нижний Новгород – один из крупнейших промышленных и культурных центров страны, третий по числу жителей город России. Нижний Новгород основан в 1221 году. В городе много интересных архитектурных памятников. В 1868 году в Нижнем Новгороде родился известный писатель Максим Горький.

Волга – символ России, потому что с ней связаны многие страницы русской истории. В наши дни по Волге плавает много кораблей. Иностранные и российские туристы очень любят путешествовать по ней.

Волга – красивая река. Многие поэты и художники восхищались её красотой, писали о ней стихи и песни, создавали замечательные картины. Если вам понравится путешествовать по Волге, то потом вы сможете самостоятельно проплыть по этой реке до самого Каспийского моря.

Задания 18–23. **Прослушайте текст 4 (диалог) – разговор Виктора и Димы – и выполните задания.**

ТЕКСТ 4
(диалог)

– Витя, привет!
– Здравствуй, Дима.
– Витя, сегодня суббота, выходной, а ты почему-то грустный. О чём ты думаешь?
– Да вот, Нина пригласила меня на день рождения, а что подарить ей – не знаю. Она любит животных. Можно подарить собаку или котёнка, но говорят, у неё уже есть кошка.
– Нет, у Нины есть рыбки. Знаешь, она любит стихи, подари ей стихи русских поэтов.
– Я хотел купить книгу, но ничего интересного не нашёл, а дарить неинтересную

книгу нехорошо.
– А Иван и Олег придумали песню-поздравление. Хотят сегодня записать на диск и подарить.
– Как интересно, молодцы. Это, наверное, придумал Иван?
– Да, Иван. А тебе я советую подарить Нине красивый альбом для фотографий. Она о нём мечтает.
– Спасибо за совет.
– Меня Нина тоже пригласила, так что завтра встретимся.
– До завтра.

Задания 24–29. **Прослушайте текст 5 (диалог) – разговор Бориса и Ольги – и выполните задания.**

ТЕКСТ 5
(диалог)

– Оля, здравствуй! Где ты была вчера? Я весь день звонил, хотел пригласить тебя в субботу на вечер к нам в университет.
– Здравствуй, Борис, а у нас была экскурсия в Русский музей, вот меня и не было дома.
– А экскурсия была интересная?
– Да, экскурсия мне очень понравилась.
– В Русском музее можно увидеть только картины русских художников?
– Нет, не только картины, но и скульптуры и другие произведения искусства.
– А что тебе больше всего понравилось?
– Там сейчас открыта выставка картин современных русских художников. Вот эта выставка мне и понравилась больше всего.
– Как интересно! Когда у вас ещё раз будет экскурсия, позвони мне, пожалуйста, я с удовольствием пойду с вами.

Задания 30–32. **Прослушайте текст 6 (диалог) – разговор Марины и Павла – и выполните задания.**

ТЕКСТ 6
(диалог)

– Павел, привет. как дела?
– Спасибо, нормально. а как ты поживаешь, Марина?
– Тоже хорошо. Ты видел нашего нового инженера?
– Видел вчера на собрании.
– Ну и что ты думаешь о нём, он тебе понравился?
– Не знаю, трудно что-то сказать о человеке, когда его совсем не знаешь. Но по-моему, ничего, нормальный. Спокойный, деловой.
– А мне он не понравился. Нормальный?! Сегодня мы встретились в коридоре, и он даже не поздоровался.
– Ну, во-первых, он здесь никого ещё не знает, а во-вторых, он просто плохо видит.
– Не знаю, может быть.
– Слушай, не будем сразу думать о человеке плохо. Время покажет. Давай завтра пойдём в кафе, выпьем кофе, посидим, послушаем музыку!
– С удовольствием. До завтра.

ПИСЬМО
쓰기 영역 예시 답안

На каждый вопрос предлагается исчерпывающий ответ. За тестирующим остаётся право выбрать фразы, наиболее соответствующие, по его мнению, содержанию вопроса.

Задание 1. **Вас интересуют проблемы городской и архитектурной экологии. Прочитайте текст и напишите, о чём Вы прочитали. В вашем тексте должна быть следующая информация:**

Слово «экология» сейчас понимают все люди. В переводе с греческого оно означает «понятие о доме».

Раньше считали, что экологией должны заниматься биологи, потому что они лучше других знают проблемы окружающей среды. Но сейчас, чтобы сохранить природу, основы этой науки должны изучать и люди других профессий: врачи, юристы, инженеры, строители.

Архитекторы тоже должны понимать проблемы экологии, потому что в строительстве нужно использовать экологически чистые строительные материалы и новые системы обеспечения энергией.

Понятие «архитектурная экология» появилось сравнительно недавно, но практической экологией люди занимались давно. Они решали, на каком месте построить дом, как его строить, как защитить дом от ветра. Эти знания люди передавали друг другу.

Создатель архитектурной науки — древнеримский инженер Витрувий. Он ещё во второй половине первого века до нашей эры писал, что в любом архитектурном сооружении должны соблюдаться три принципа: «прочность — польза — красота». Сегодня к этим основным принципам нужно добавить ещё один — экологичность.

Я думаю, что проблемы архитектурной экологии очень важные. Люди строят много химических заводов, города растут, в них трудно жить. Строители и архитекторы должны помнить правила Витрувия. Они должны стараться строить дома и города, в которых человек будет хорошо себя чувствовать.

Задание 2. **Ваш друг (ваша подруга), который (-ая) живёт в другом городе, сообщил(а), что приедет к Вам через неделю. Поезд прибывает утром, в это время Вас не будет дома. Напишите другу (подруге) письмо. В своём письме Вы должны:**

Дорогая Анна!

Я очень рада, что ты приедешь ко мне, мы не виделись уже больше года. Но, к сожалению, я не смогу встретить тебя на вокзале, извини. В это время у меня очень важная лекция в университете. Но после этого я свободна, и у нас будет много времени, чтобы поговорить и погулять.

Ты, конечно же, знаешь, где находится автобусная остановка около вокзала. Тебе нужен автобус № 43. Надо ехать до конечной остановки. Когда выйдешь, иди прямо минут пять. Ты увидишь магазин «Продукты», после него поверни направо. Эта улица называется Пионерской. Иди по Пионерской тоже минут пять. Мой дом № 42, в нём на первом этаже большая аптека. Мой точный адрес: ул. Пионерская, дом 42, квартира 15. Это второй подъезд, третий этаж.

Я буду дома после обеда, около четырёх часов. Дверь тебе откроет моя младшая сестра Ира. Она покажет тебе мою комнату, и вы можете вместе пообедать. Когда я приду, мы с тобой пойдём гулять. А вечером решим, что будем делать потом.

Ещё раз извини, что не встречу тебя, но ты хорошо знаешь город и всё легко найдёшь.

Жду тебя. До свидания.

Твоя Лера

29 апреля 2011 г.

ГОВОРЕНИЕ
말하기 영역 예시 답안

Задания 1–5. **Примите участие в диалоге. Ответьте на вопросы собеседника.**

1.

Первый вариант ответа

– Скажите, пожалуйста, где можно купить билет в театр?
– <u>Билет можно купить в театре, в кассе. Можно заказать билет по телефону или по Интернету, на сайте театра.</u>

Второй вариант ответа

– Скажите, пожалуйста, где можно купить билет в театр?
– <u>Я обычно заказываю билеты по Интернету или по телефону. Сейчас есть много сайтов, которые продают билеты. А можно просто пойти в театр и купить билет в кассе.</u>

2.

Первый вариант ответа

– Мне нужен банк. Скажите, пожалуйста, как туда пройти?
– Банк около метро, но это далеко, вам лучше поехать на такси.
– Ничего, у меня много времени, я хочу пойти пешком.
– Тогда идите по этой улице прямо минут 10. Там слева будет театр. После него поверните налево и идите ещё минут 15. Там увидите станцию метро и банк рядом с ней.
– Большое спасибо!
– Не за что.

Второй вариант ответа

– Мне нужен банк. Скажите, пожалуйста, как туда пройти?
– Идите прямо до перекрёстка, потом направо минут 5. Но банк уже закрыт.
– Что же мне делать? Я хотел поменять деньги.
– Недалеко есть обменный пункт. Идите направо, там увидите кафе «Старбакс».

Обменный пункт находится напротив кафе, через дорогу. Работает круглосуточно.
– Спасибо большое!
– Пожалуйста.

3.

Первый вариант ответа

– Я вчера весь день звонил(а) Вам. Никто не отвечал. Что-нибудь случилось?
– Извините, я вчера был(а) очень занят(а). Занимался(-лась) в библиотеке. Выключил(а) звук на телефоне.
– Готовились к экзаменам?
– Да, у меня скоро важный экзамен по русскому языку.
– Желаю удачи!
– Спасибо!

Второй вариант ответа

– Я вчера весь день звонил(а) Вам. Никто не отвечал. Что-нибудь случилось?
– Извините, мы вчера с друзьями ездили на дачу, а телефон я забыл(а) дома. А почему Вы звонили?
– Вам нужно зайти в деканат. Декан хочет с вами поговорить.
– Хорошо. А когда?
– В понедельник в два часа дня.
– Обязательно приду.
– Прекрасно. До встречи в понедельник.
– До свидания.

4.

Первый вариант ответа

– Говорят, Вы хорошо фотографируете. Что или кого Вы больше всего любите фотографировать?
– Да, я очень люблю фотографировать. Больше всего мне нравится фотографировать природу, пейзажи.
– Наверное, вы любите ездить за город?

– Да, я часто езжу за город. А летом я путешествовал(а) по Волге и сделал(а) много красивых фотографий русской природы и старинных русских городов.

Второй вариант ответа

– Говорят, Вы хорошо фотографируете. Что или кого Вы больше всего любите фотографировать?
– Я думаю, что я пока ещё не очень хороший фотограф, мне ещё многому надо научиться. Но я очень люблю фотографировать. Особенно мне нравится делать фотопортреты.
– Кто герои ваших портретов?
– Обычно я фотографирую своих друзей, студентов.
– Где можно посмотреть Ваши фотографии?
– Вы можете посмотреть их на моём сайте в Интернете.

5.

Первый вариант ответа

– Скажите, как работает книжный магазин? Он работает в выходные дни?
– Книжный магазин работает с 9 утра до 6 вечера. В субботу и воскресенье он не работает.
– Очень жаль. Я хотел(а) купить книгу в подарок своему другу, но сегодня суббота, магазин закрыт. Что же мне делать?
– Ничего страшного. Вы можете поехать, например, в «Дом книги» на Новом Арбате. Он работает без выходных, до 11 часов вечера.
– Правда? Ой, как хорошо! Большое спасибо за информацию!
– Пожалуйста. Рад(а) был(а) вам помочь.

Второй вариант ответа

– Скажите, как работает книжный магазин? Он работает в выходные дни?
– Да, книжный магазин работает и в субботу, и в воскресенье. И в праздники он тоже открыт.
– Прекрасно. А в какие часы он работает?
– С 9 (девяти) утра до 9 (девяти) вечера.
– Спасибо большое!
– Не за что.

Задания 6–10. **Познакомьтесь с описанием ситуации. Начните диалог.**

6. Вы в незнакомом городе. Вам нужна аптека. Какой вопрос Вам надо задать прохожему?

Первый вариант ответа

– Извините, вы не скажете, где здесь аптека?
– Аптека здесь недалеко, на углу Тверской и Мамоновского переулка.
– Простите, я иностранец, я не знаю, где это.
– Идите прямо минут 5, и вы увидите большую улицу. Это Тверская. Поверните направо и идите до первого переулка. Аптека там на углу. Она работает круглосуточно.
– Спасибо большое.
– На здоровье.

Второй вариант ответа

– Простите, пожалуйста, вы не подскажете, где находится аптека?
– Аптеки здесь есть, но сегодня выходной, они не работают. Вам нужно найти дежурную аптеку.
– Извините, я иностранец и ещё плохо говорю по-русски. Что такое «дежурная аптека»?
– Дежурная аптека – это аптека, которая работает круглосуточно, 24 часа в сутки. Дежурная аптека есть у метро «Университет».
– А как туда доехать?
– Это недалеко. Можно дойти пешком. Идите прямо по этой улице до проспекта Вернадского, там поверните направо и скоро увидите аптеку. Можно и на автобусе доехать. Автобус номер 47. Тут всего две остановки.
– Большое спасибо.
– Пожалуйста.

7. У Вас день рождения. Пригласите друзей. Скажите, когда, куда и зачем Вы их приглашаете.

Первый вариант ответа

– Привет, ты в пятницу вечером не занята?
– Нет, а что?
– У меня будет день рождения. Придёшь?

– Ой, поздравляю! Конечно, приду! А где будешь отмечать?

– Дома. Я пригласил всех наших друзей. Собираемся в 6 вечера.

– Спасибо за приглашение. Приду обязательно. Что тебе подарить?

– Ничего не надо. «Лучший мой подарочек – это ты». *

– Ха-ха. Ну, ладно, до встречи!

– Пока!

* Цитата из мультфильма «Ну, погоди!», выпуск 8.

Второй вариант ответа

– Привет, у меня завтра день рождения.

– Правда? Поздравляю!

– Я заказал(а) столик в кафе, приглашаю друзей. Ты тоже приходи, пожалуйста.

– А что за кафе?

– Кафе «Шоколад», около станции метро «Академическая». Ты его знаешь?

– Да, знаю. Неплохое кафе.

– Мы собираемся в 3 часа дня. Приходи, пожалуйста, я буду очень рад(а) тебя видеть.

– Приду, конечно. Спасибо за приглашение.

– Тогда до завтра!

– Пока!

8. Вы пришли в библиотеку. Объясните библиотекарю, что Вы хотите.

Первый вариант ответа

– Здравствуйте!

– Добрый день! Чем могу вам помочь?

– Я хочу записаться в библиотеку.

– У вас есть студенческий билет и фотография?

– Да, пожалуйста, вот они.

– Подождите, сейчас я вам оформлю читательский билет.

…

– Вот, пожалуйста. Возьмите ваш читательский билет.

– Спасибо. До свидания.

– До свидания.

Второй вариант ответа

– Здравствуйте!

– Здравствуйте! Чем могу вам помочь?

– Дайте, пожалуйста, учебники для первого курса и русско-корейский словарь.

– Вот ваши учебники, а словари мы на дом не выдаем. Они находятся в читальном зале. Можете там их посмотреть.

– Понятно, спасибо. Когда я должен вернуть эти учебники?

– Учебники вернёте после сессии.

– Спасибо большое. До свидания.

– До свидания. Приходите ещё.

9. Вы прочитали рассказ, который Вам понравился. Посоветуйте другу (подруге) прочитать его. Объясните почему.

Первый вариант ответа

– Привет, я вчера прочитал очень хороший рассказ Чехова. Он называется «Дама с собачкой». Почитай, тебе тоже понравится.

– Я не очень люблю читать рассказы. А Чехов – известный писатель?

– Да, конечно. Он известен во всём мире. Он писал и рассказы, и пьесы. Он мой любимый русский писатель.

– А о чём этот рассказ?

– Он о любви. О том, как мужчина и женщина познакомились, когда отдыхали в Крыму, и полюбили друг друга. Но у мужчины уже была жена, а у женщины был муж.

– И что было дальше?

– Не скажу. Почитай и узнаешь. Это рассказ о том, как любовь меняет людей, делает их лучше. Это один из самых популярных рассказов Чехова. Советую тебе его почитать.

– Хорошо, спасибо за совет. Обязательно почитаю.

Второй вариант ответа

– Привет, я хочу порекомендовать тебе один рассказ. Я его недавно прочитал, и он мне очень понравился. Рассказ называется «Дочь Бухары».

– Это об Узбекистане?

– Нет. Бухара – это имя героини рассказа. Она из Узбекистана, но вышла замуж за русского и жила в Москве. Там у нее родилась дочь. Девочка была больна. У нее был синдром Дауна. Но Бухара очень любила свою дочь и сделала всё, чтобы она была счастлива. Даже нашла ей мужа.

– А кто написал этот рассказ?

– Людмила Улицкая.

– Я ее не знаю. Из русских писателей я знаю только Толстого и Достоевского.

– Толстой, Достоевский, Чехов – это классики. Людмила Улицкая – современный писатель. Я думаю, что она сейчас одна из лучших писательниц в России. Мне кажется, надо знать не только классическую русскую литературу, но и современную. Если хочешь познакомиться с современной литературой, советую тебе начать с Улицкой. Вот книга, почитай, потом верни.

– Спасибо.

10. Вы пришли вечером в ресторан. Закажите ужин.

Первый вариант ответа

– Извините, я плохо понимаю меню по-русски. Что вы посоветуете из горячего?

– Что вы хотите – рыбу, мясо, овощи?

– Мясо.

– Могу предложить бифштекс с овощами. Это очень вкусно.

– Хорошо, я буду бифштекс. Посоветуйте ещё какой-нибудь салат, пожалуйста.

– Есть салат «Весенний», есть «Оливье», есть «Селёдка под шубой».

– А что такое салат «Весенний»?

– Это салат из свежих овощей – огурцов, помидоров, лука.

– Хорошо, принесите салат «Весенний». А какие у вас есть напитки?

– Вино, соки, чай, вода.

– А чай какой? Чёрный или зелёный?

– Есть и чёрный, и зелёный.

– Зелёный, если можно. И принесите пепельницу, пожалуйста.

Второй вариант ответа

– Посоветуйте что-нибудь на первое. Я не знаю, что выбрать.

– На первое у нас борщ, щи, солянка, пельмени в бульоне.

– А что такое «щи»?

– Это суп из квашеной капусты и разных овощей на мясном бульоне.

– Хорошо, принесите щи. А на второе – котлету с рисом, пожалуйста. У вас случайно нет кимчхи?

– Нет, к сожалению, кимчхи у нас нет. У нас есть корейская морковка.

– Нет, эта морковка мне не нравится. А что у вас на десерт?

– Мороженое, фрукты.

– Я буду мороженое.

– Может быть, попробуете вино? У нас отличное французское вино.

– Нет, мне нельзя, я за рулём.

Задание 11. **Прочитайте текст. Передайте его основное содержание. Ответьте на вопросы после текста.**

Первый вариант ответа

Этот текст рассказывает о том, как была раскрыта тайна изготовления кефира.

В начале XX века в России хотели организовать промышленное производство этого напитка, но не могли, потому что не знали рецепт. Его знали жители Северной Осетии, но никому не рассказывали.

Тогда владелец молочных заводов Бландов послал на Кавказ свою сотрудницу Ирину Сахарову. Ирина поехала к князю Бек-Мирзе Байчарову, который продавал молоко и сыр. Но князь Ирине не помог.

Когда Ирина возвращалась обратно, ее остановили люди князя. Князь предложил Ирине стать его женой, потому что он влюбился в нее. Потом приехали русские солдаты и спасли Ирину, а князя должны были судить. Но Ирина простила князя после того как он дал ей кефирную закваску.

Благодаря этому в 1908 году в Москве началось производство кефира. И теперь это популярный напиток в России.

Второй вариант ответа

В тексте рассказывается о том, как русские узнали рецепт кефира.

Раньше этот напиток готовили на Кавказе, в Северной Осетии. Горцы считали кефирную закваску подарком от самого пророка Магомета, поэтому закваску нельзя было дарить или продавать.

Чтобы узнать секрет приготовления кефира и организовать промышленное производство этого напитка, на Кавказ поехала Ирина Сахарова – молодая, красивая выпускница школы молочного хозяйства.

Ирина поехала в горы к князю Байчарову, но он не дал ей кефирной закваски. Ирина очень понравилась князю, поэтому он решил украсть ее, чтобы жениться на ней.

К счастью, Ирине помогли русские солдаты. Князя Байчарова судили, но судья предложил закончить это дело мирно, потому что красть невест – это кавказская традиция. Ирина обещала простить князя, если он подарит ей кефирную закваску. Князь прислал ей кефирную закваску и огромный букет цветов. Так любовь помогла раскрыть секрет приготовления кефира.

Благодаря этому в 1908 году в Москве начали продавать кефир. Сначала его продавали в аптеках как лекарство, а теперь его пьют все желающие.

Как Вы думаете, почему князь не хотел никому давать рецепт кефира?

Первый вариант ответа

По одной из легенд, рецепт кефира подарил горцам пророк Магомет. Подарок имел волшебную силу, поэтому его нельзя было дарить или продавать. Поэтому, я думаю, князь и не хотел давать рецепт русским.

Второй вариант ответа

Князь продавал молоко и сыр. Поэтому, я думаю, он не хотел никому давать рецепт кефира. Он сам хотел продавать кефир.

А Вы пили кефир? Понравился ли он Вам?

Первый вариант ответа

Кефир я не пил. Я не люблю молоко и молочные продукты. У меня от них живот болит.

Второй вариант ответа

Я пил кефир. Он похож на йогурт. Но йогурт мне нравится больше.

Какие напитки Вы предпочитаете?

Первый вариант ответа

Больше всего мне нравится пиво. Я люблю встречаться с друзьями, разговаривать с ними и пить пиво.

Второй вариант ответа

Мой любимый напиток – банановое молоко. Ещё мне нравится кофе. Кофе я пью каждый день.

Задание 12. **Ваши русские друзья интересуются страной, в которой Вы сейчас живёте. Расскажите о ней.**

Первый вариант ответа

Я хочу рассказать вам о Корее. Эта страна находится на Корейском полуострове в Восточной Азии. Её соседи – Китай, Россия и Япония.

Корея – древняя страна с богатой историей. Корейцы особенно гордятся королём Седжоном, который в XIV веке изобрел современный корейский алфавит. Другой знаменитый в Корее исторический деятель – адмирал Ли Сунсин, герой войны с японцами в XVI веке.

Республика Корея была основана в 1948 году на юге Корейского полуострова. Поэтому её часто называют Южной Кореей. Это небольшая страна. Её площадь – 100 тысяч квадратных километров. Население – 50 миллионов человек. Столица Республики Корея – Сеул. Сеул – политический, экономический и культурный центр страны. Здесь работают президент, правительство и парламент.

Корея – демократическое государство, президентская республика. Глава государства – президент. Высший законодательный орган – Национальное собрание.

Ещё 50 лет назад Корея была очень бедной страной. Сейчас она стала одной из самых развитых и богатых стран мира. Во всём мире знают бытовую технику, компьютеры, телефоны, автомобили, морские суда, которые производят в Корее. Во многих странах мира сейчас популярна современная корейская культура – телесериалы, фильмы и музыка.

В Корее много исторических памятников и других достопримечательностей. В Сеуле можно посмотреть старинные королевские дворцы. Если поехать на юго-восток страны, в город Кёнджу, можно познакомиться с памятниками древнего государства Силла – буддийским храмом Пульгукса, храмом Соккурам, древней обсерваторией Чхомсондэ. Большой популярностью у туристов пользуется южный остров Чеджудо. Там можно хорошо отдохнуть на море, посмотреть вулкан Халласан и уникальные пещеры. А ещё там растут мандарины.

В Корею можно приезжать в любое время года. Летом в Корее хорошо отдыхать на море, зимой – кататься на лыжах на горных курортах, весной и осенью – наслаждаться теплой приятной погодой, экскурсиями по историческим местам и красивыми видами.

Корея – гостеприимная страна. Корейцы всегда рады принимать у себя гостей из других стран.

Второй вариант ответа

Россия – самая большая страна в мире. Она расположена на двух континентах – в Европе и Азии. На территории России 11 часовых поясов. Когда в Москве вечер, на Камчатке уже утро нового дня.

История России начинается в IX веке с древнего государства Киевская Русь. Столицей тогда был город Киев. Потом главным политическим и экономическим центром Русского государства стала Москва. В XVIII веке царь Пётр I перенёс столицу в Санкт-Петербург. А после Октябрьской революции в 1918 году столицей опять стала Москва. Сейчас Москва – главный политический и культурный центр России. Здесь работают президент, правительство и парламент страны.

Россия – федеративная республика. Ее второе официальное название – Российская Федерация. Глава исполнительной власти – президент. Высший орган законодательной власти – Федеральное Собрание. Оно состоит из Совета Федерации и Государственной думы.

Самым великим человеком в России считают Петра I. Он провел в стране реформы, «прорубил окно в Европу», построил Санкт-Петербург. Русские гордятся своими писателями, поэтами, художниками, композиторами. Самый известный поэт в России – Александр Сергеевич Пушкин. Он создатель современного литературного русского языка. Такие писатели как Толстой, Достоевский, Чехов известны всем. Чайковский – один из самых любимых классических композиторов во всём мире. Русские любят и помнят Юрия Гагарина – первого человека, который в 1961 году полетел в космос.

Россия богата природными ресурсами. У нее огромные запасы нефти, газа, угля, железа, золота, алмазов, других полезных ископаемых. По запасам леса Россия занимает первое место в мире. В России много водных ресурсов. Здесь находится знаменитое озеро Байкал – самое глубокое озеро в мире. Самые большие реки – Волга, Обь, Енисей, Лена и Амур.

Зимой в России бывает очень холодно, особенно в Сибири. Поэтому в Россию лучше ехать летом. Лето в России тёплое, даже жаркое.

Самые известные достопримечательности России находятся в Москве. Это Кремль, Красная площадь и собор Василия Блаженного. Иностранные туристы любят ездить в Санкт-Петербург – город красивой европейской архитектуры. В Петербурге находится Эрмитаж – один из самых известных художественных музеев мира. Золотое кольцо России – еще один популярный туристический маршрут. Он включает такие города, как Суздаль, Кострома, Ростов Великий. Экскурсия по Золотому кольцу познакомит вас со старинной русской архитектурой, интересными национальными традициями.

Русские – гостеприимный народ. Они всегда рады гостям. Приезжайте в Россию – не пожалеете.

답안지

Рабочие матрицы

ЛЕКСИКА. ГРАММАТИКА

МАКСИМАЛЬНОЕ КОЛИЧЕСТВО БАЛЛОВ ЗА ТЕСТ – 165

Имя, фамилия_____ Страна_____ Дата_____

ЧАСТЬ 1				
1	А	Б	В	Г
2	А	Б	В	Г
3	А	Б	В	Г
4	А	Б	В	Г
5	А	Б	В	Г
6	А	Б	В	Г
7	А	Б	В	Г
8	А	Б	В	Г
9	А	Б	В	Г
10	А	Б	В	Г
11	А	Б	В	Г
12	А	Б	В	Г
13	А	Б	В	Г
14	А	Б	В	Г
15	А	Б	В	Г
16	А	Б	В	Г
17	А	Б	В	Г
18	А	Б	В	Г
19	А	Б	В	Г
20	А	Б	В	Г
21	А	Б	В	Г
22	А	Б	В	Г
23	А	Б	В	Г
24	А	Б	В	Г
25	А	Б	В	Г
ЧАСТЬ 2				
26	А	Б	В	Г
27	А	Б	В	Г
28	А	Б	В	Г
29	А	Б	В	Г
30	А	Б	В	Г
31	А	Б	В	Г
32	А	Б	В	Г
33	А	Б	В	Г
34	А	Б	В	Г

35	А	Б	В	Г		59	А	Б	В	Г
36	А	Б	В	Г		60	А	Б	В	Г
37	А	Б	В	Г		61	А	Б	В	Г
38	А	Б	В	Г		62	А	Б	В	Г
39	А	Б	В	Г		63	А	Б	В	Г
40	А	Б	В	Г		64	А	Б	В	Г
41	А	Б	В	Г		65	А	Б	В	Г
42	А	Б	В	Г		66	А	Б	В	Г
43	А	Б	В	Г		67	А	Б	В	Г
44	А	Б	В	Г		68	А	Б	В	Г
45	А	Б	В	Г		69	А	Б	В	Г
46	А	Б	В	Г		70	А	Б	В	Г
47	А	Б	В	Г		71	А	Б	В	Г
48	А	Б	В	Г		72	А	Б	В	Г
49	А	Б	В	Г		73	А	Б	В	Г
50	А	Б	В	Г		74	А	Б	В	Г
51	А	Б	В	Г		75	А	Б	В	Г
52	А	Б	В	Г		76	А	Б	В	Г
53	А	Б	В	Г		77	А	Б	В	Г
54	А	Б	В	Г		78	А	Б	В	Г
55	А	Б	В	Г		79	А	Б	В	Г
56	А	Б	В	Г		ЧАСТЬ 3				
57	А	Б	В	Г		80	А	Б	В	Г
58	А	Б	В	Г		81	А	Б	В	Г

82	А	Б	В	Г
83	А	Б	В	Г
84	А	Б	В	Г
85	А	Б	В	Г
86	А	Б	В	Г
87	А	Б	В	Г
88	А	Б	В	Г
89	А	Б	В	Г
90	А	Б	В	Г
91	А	Б	В	Г
92	А	Б	В	Г
93	А	Б	В	Г
94	А	Б	В	Г
95	А	Б	В	Г
96	А	Б	В	Г
97	А	Б	В	Г
98	А	Б	В	Г
99	А	Б	В	Г
100	А	Б	В	Г
101	А	Б	В	Г
102	А	Б	В	Г
103	А	Б	В	Г
104	А	Б	В	Г
105	А	Б	В	Г

106	А	Б	В	Г
107	А	Б	В	Г
108	А	Б	В	Г
109	А	Б	В	Г
110	А	Б	В	Г
111	А	Б	В	Г
112	А	Б	В	Г
113	А	Б	В	Г
114	А	Б	В	Г
115	А	Б	В	Г
116	А	Б	В	Г
117	А	Б	В	Г
118	А	Б	В	Г
119	А	Б	В	Г
120	А	Б	В	Г
121	А	Б	В	Г
122	А	Б	В	Г
123	А	Б	В	Г
124	А	Б	В	Г
125	А	Б	В	Г
126	А	Б	В	Г
127	А	Б	В	Г
128	А	Б	В	Г
129	А	Б	В	Г

130	А	Б	В	Г
ЧАСТЬ 4				
131	А	Б	В	Г
132	А	Б	В	Г
133	А	Б	В	Г
134	А	Б	В	Г
135	А	Б	В	Г
136	А	Б	В	Г
137	А	Б	В	Г
138	А	Б	В	Г
139	А	Б	В	Г
140	А	Б	В	Г
141	А	Б	В	Г
142	А	Б	В	Г
143	А	Б	В	Г
144	А	Б	В	Г
145	А	Б	В	Г
146	А	Б	В	Г
147	А	Б	В	Г
148	А	Б	В	Г
149	А	Б	В	Г
150	А	Б	В	Г
151	А	Б	В	Г
152	А	Б	В	Г

153	А	Б	В	Г
154	А	Б	В	Г
155	А	Б	В	Г
156	А	Б	В	Г
157	А	Б	В	Г
158	А	Б	В	Г
159	А	Б	В	Г
160	А	Б	В	Г
161	А	Б	В	Г
162	А	Б	В	Г
163	А	Б	В	Г
164	А	Б	В	Г
165	А	Б	В	Г

ЧТЕНИЕ

МАКСИМАЛЬНОЕ КОЛИЧЕСТВО БАЛЛОВ ЗА ТЕСТ – 140

Имя, фамилия _____ **Страна** _____ **Дата** _____

1	А	Б	В
2	А	Б	В
3	А	Б	В
4	А	Б	В
5	А	Б	В
6	А	Б	В
7	А	Б	В
8	А	Б	В
9	А	Б	В
10	А	Б	В
11	А	Б	В
12	А	Б	В
13	А	Б	В
14	А	Б	В
15	А	Б	В
16	А	Б	В
17	А	Б	В
18	А	Б	В
19	А	Б	В
20	А	Б	В

절취선을 따라 잘라서 사용하세요

답안지

АУДИРОВАНИЕ

МАКСИМАЛЬНОЕ КОЛИЧЕСТВО БАЛЛОВ ЗА ТЕСТ – 128

Имя, фамилия_____ **Страна**_____ **Дата**_____

1	А	Б	В
2	А	Б	В
3	А	Б	В
4	А	Б	В
5	А	Б	В
6	А	Б	В
7	А	Б	В
8	А	Б	В
9	А	Б	В
10	А	Б	В
11	А	Б	В
12	А	Б	В
13	А	Б	В
14	А	Б	В
15	А	Б	В
16	А	Б	В

17	А	Б	В
18	А	Б	В
19	А	Б	В
20	А	Б	В
21	А	Б	В
22	А	Б	В
23	А	Б	В
24	А	Б	В
25	А	Б	В
26	А	Б	В
27	А	Б	В
28	А	Б	В
29	А	Б	В
30	А	Б	В
31	А	Б	В
32	А	Б	В

MEMO

러시아 교육문화센터
뿌쉬낀하우스

교육센터 / 문화센터 / 출판센터
Tel. 02)2237-9387   Fax. 02)2238-9388
http://www.pushkinhouse.co.kr